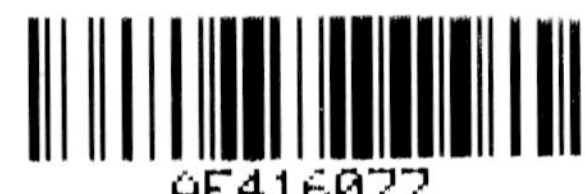
AF416077

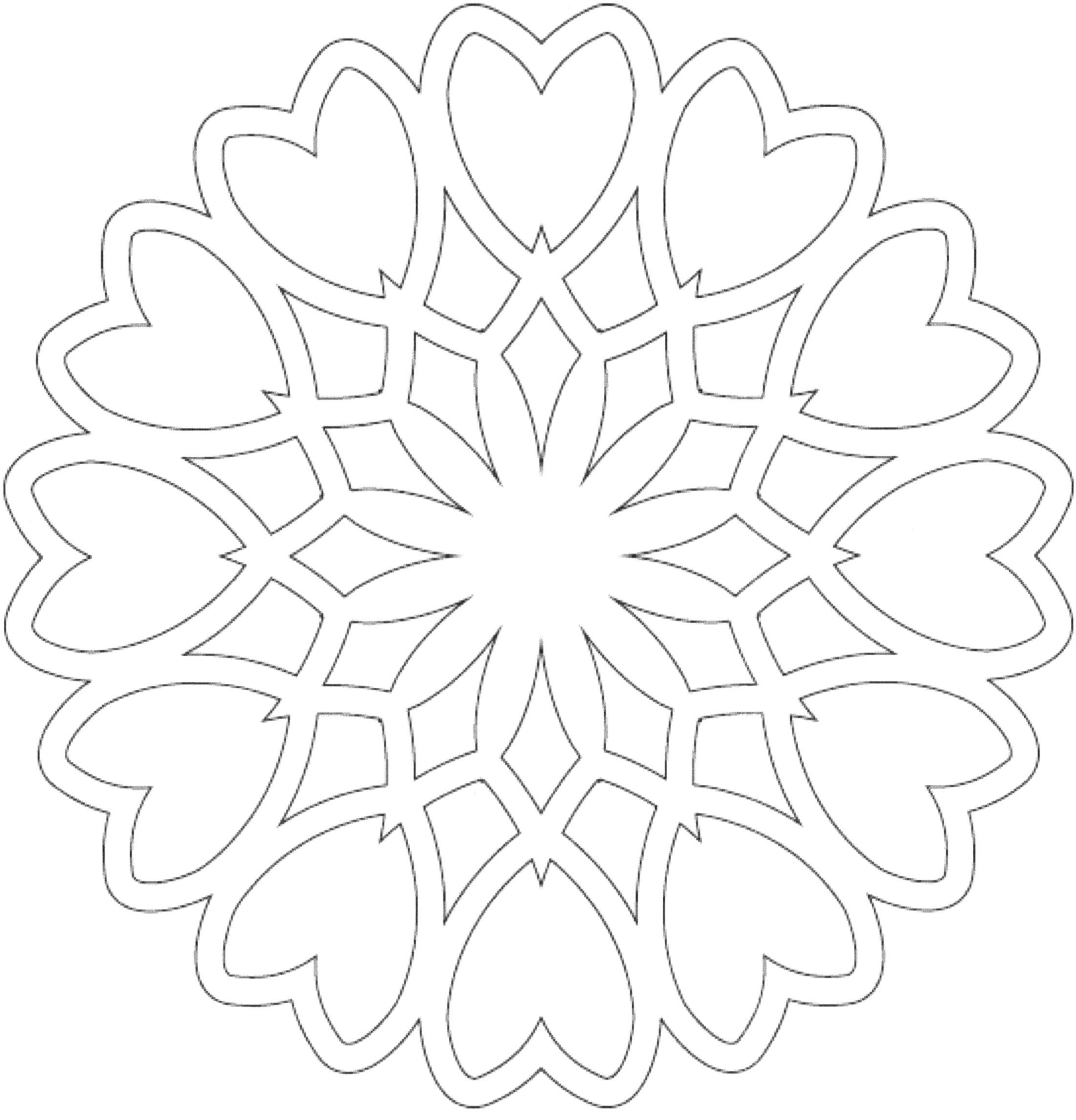

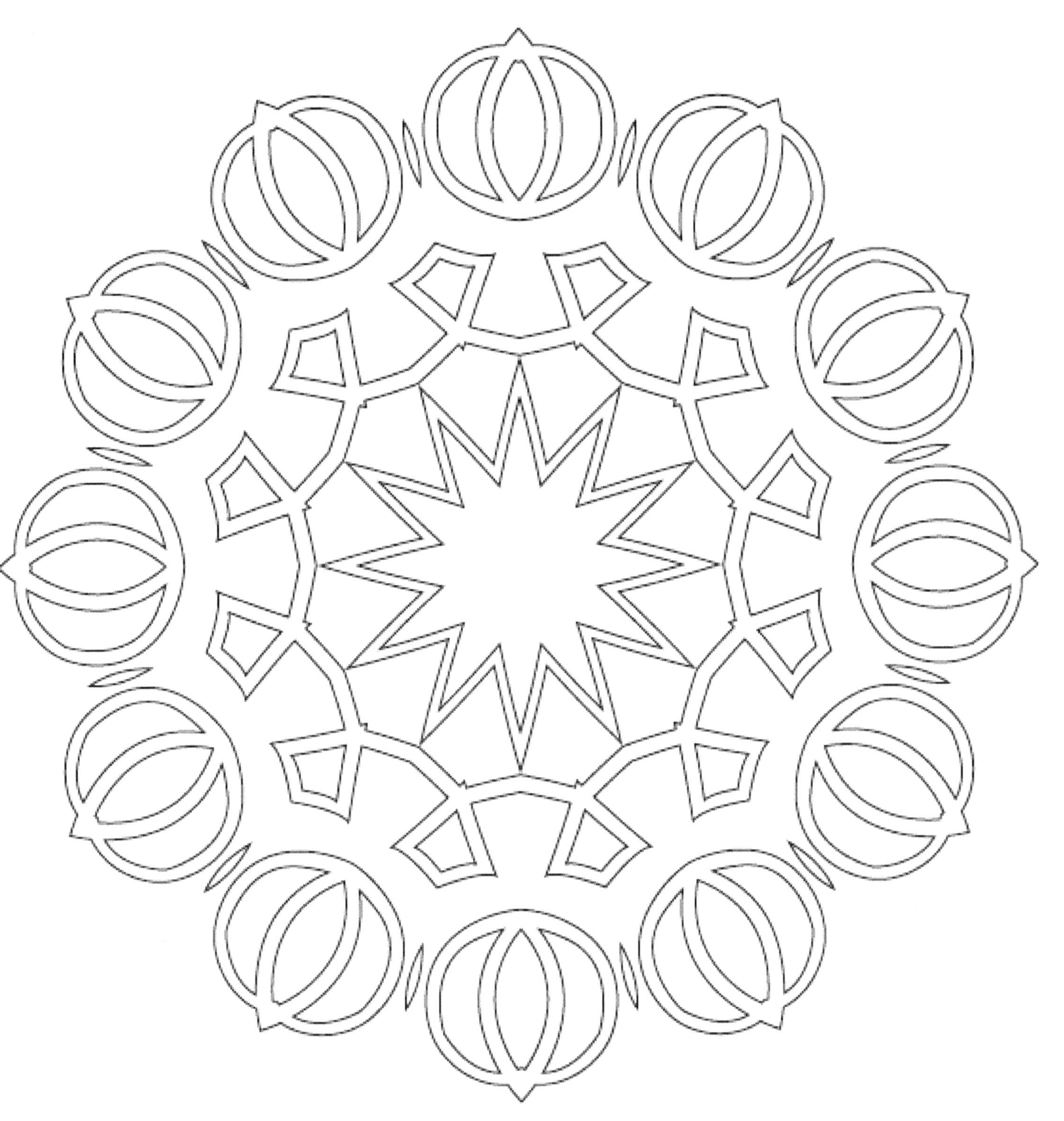

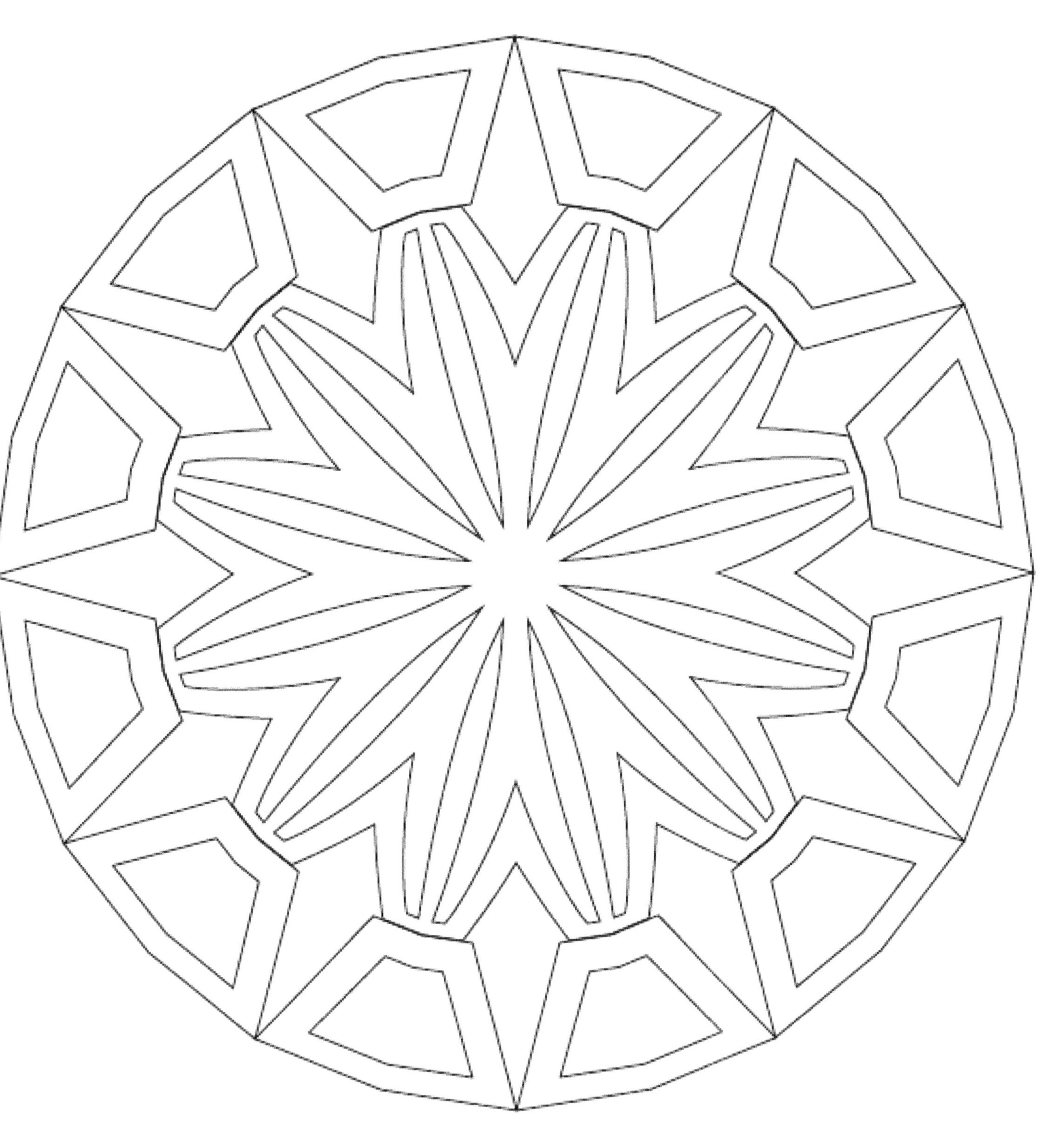

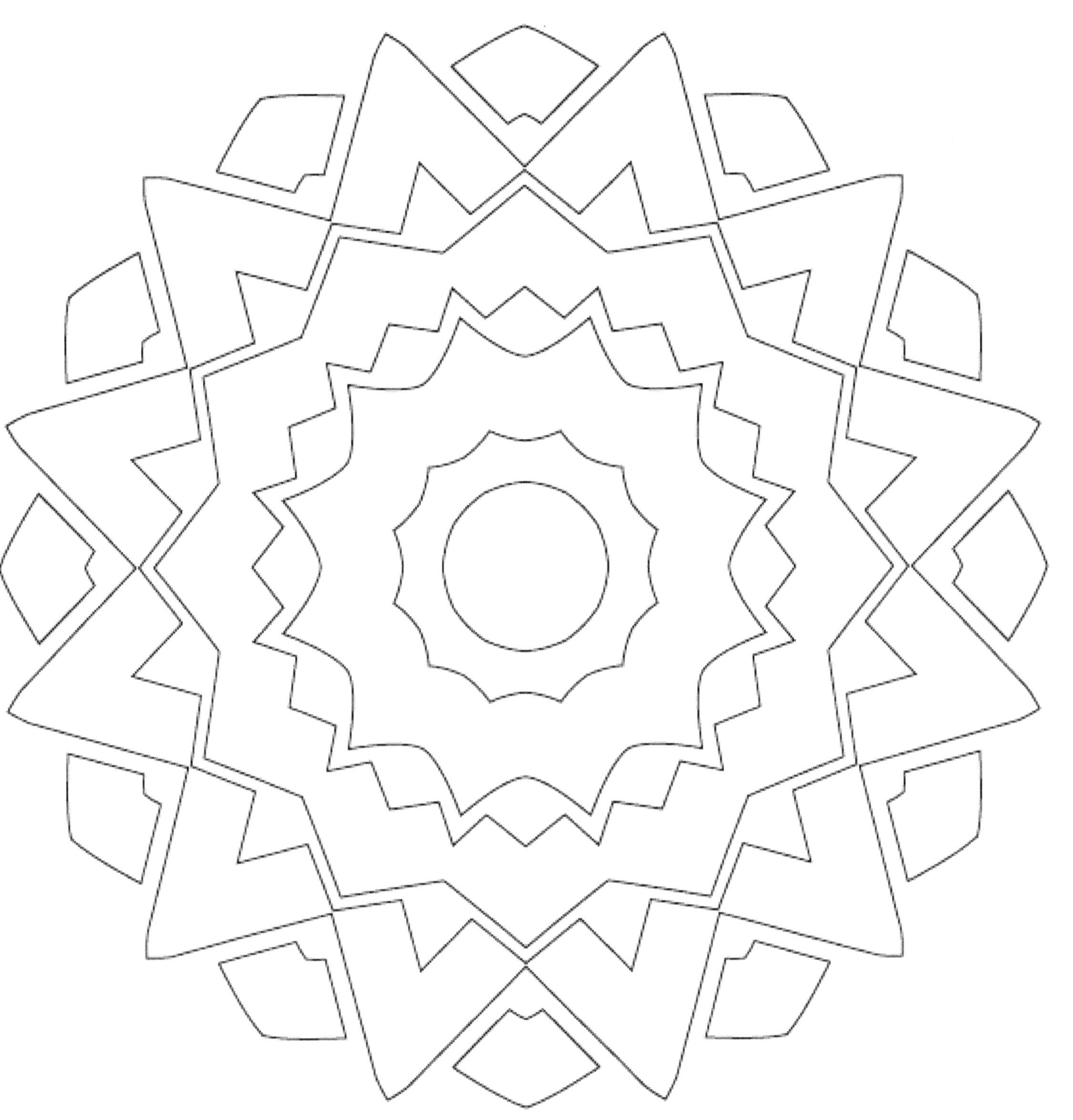

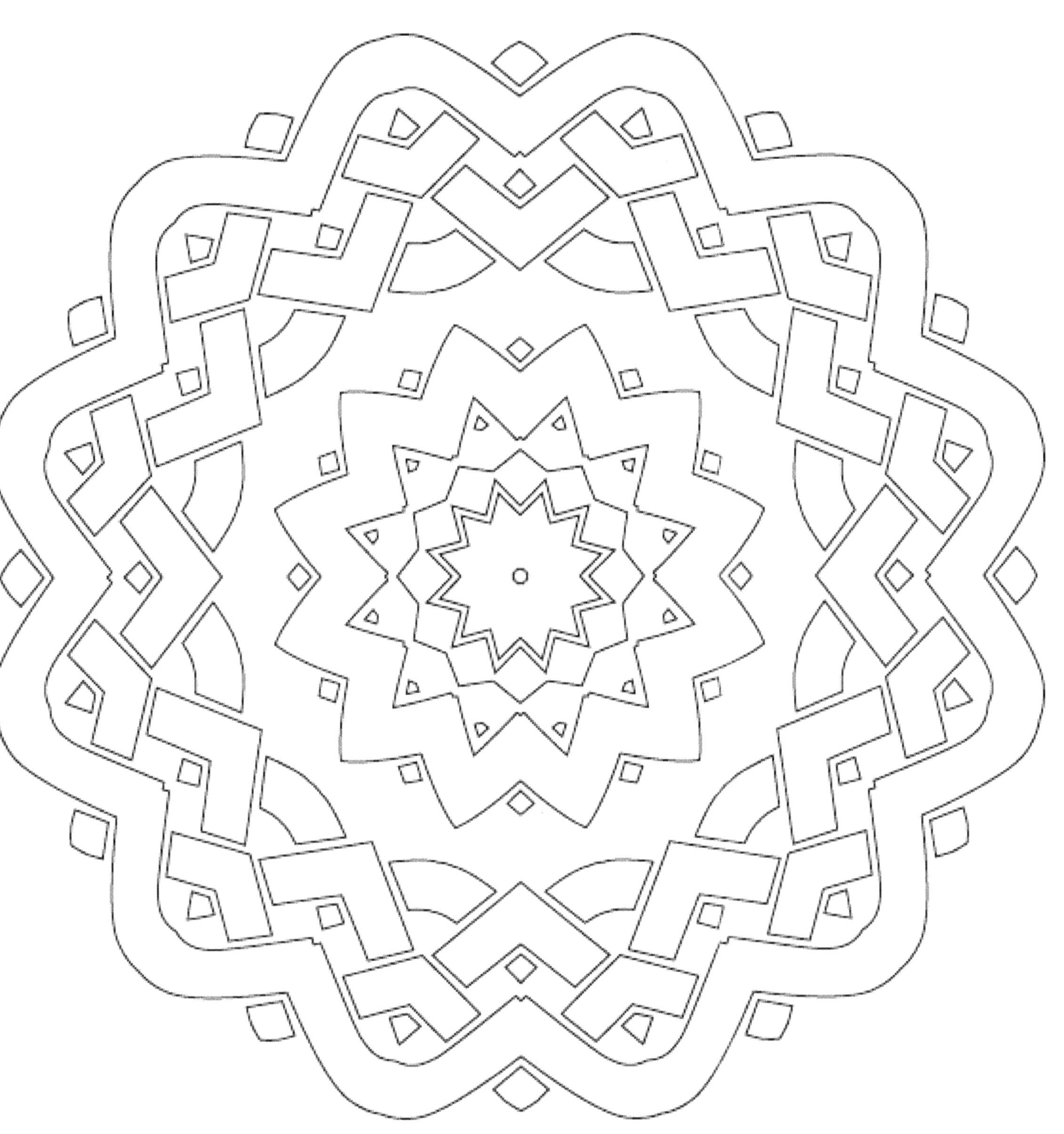

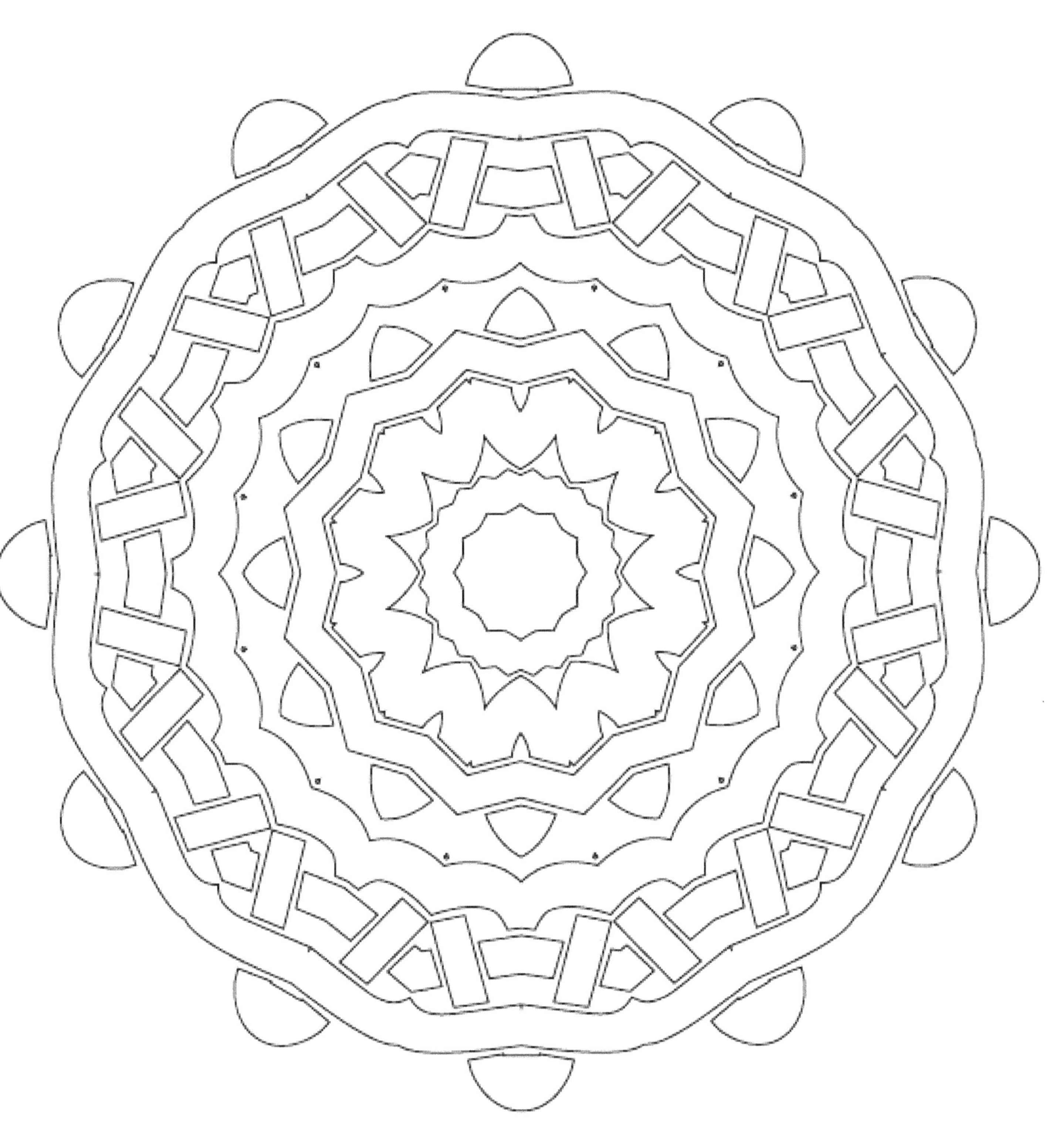

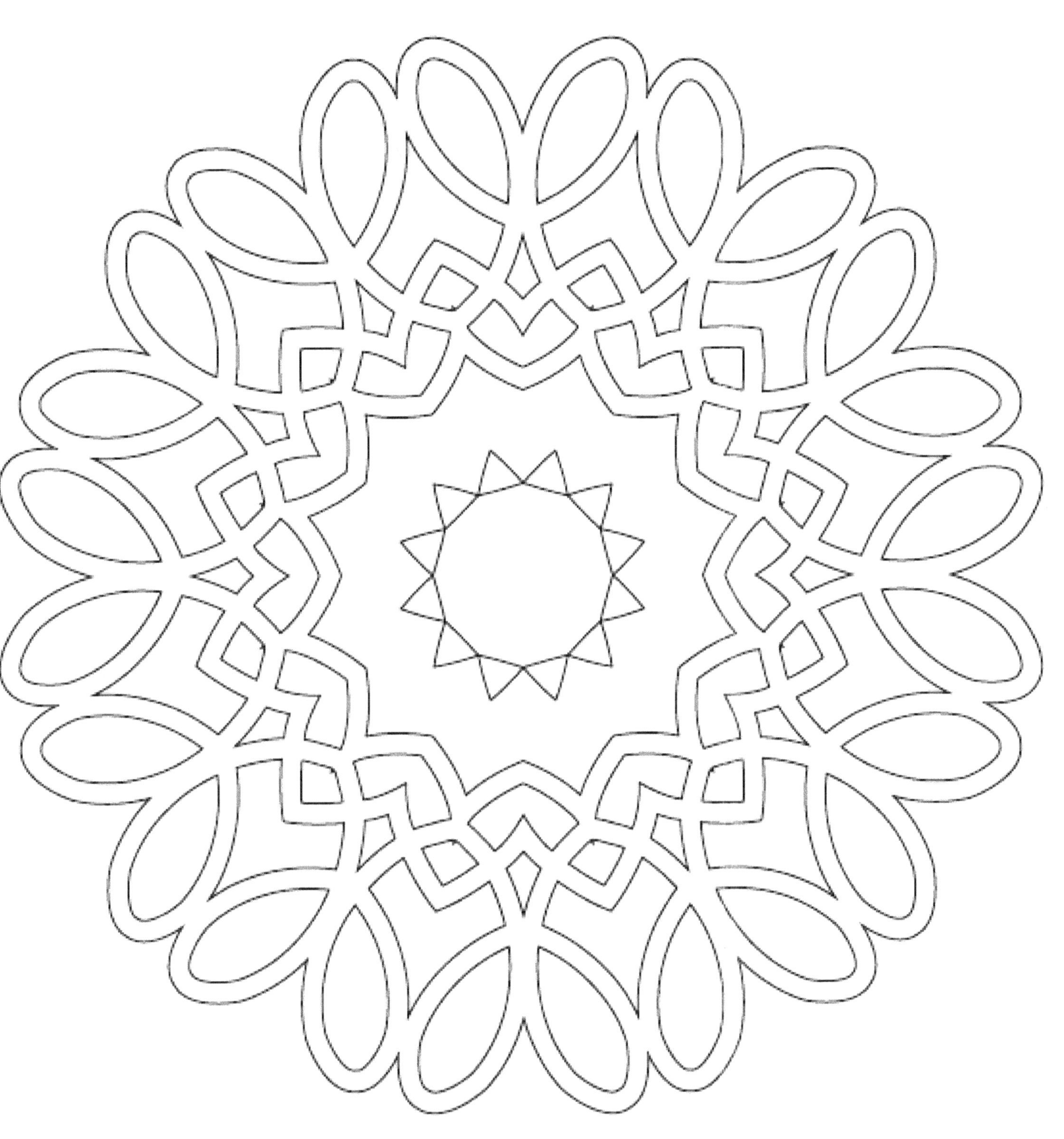

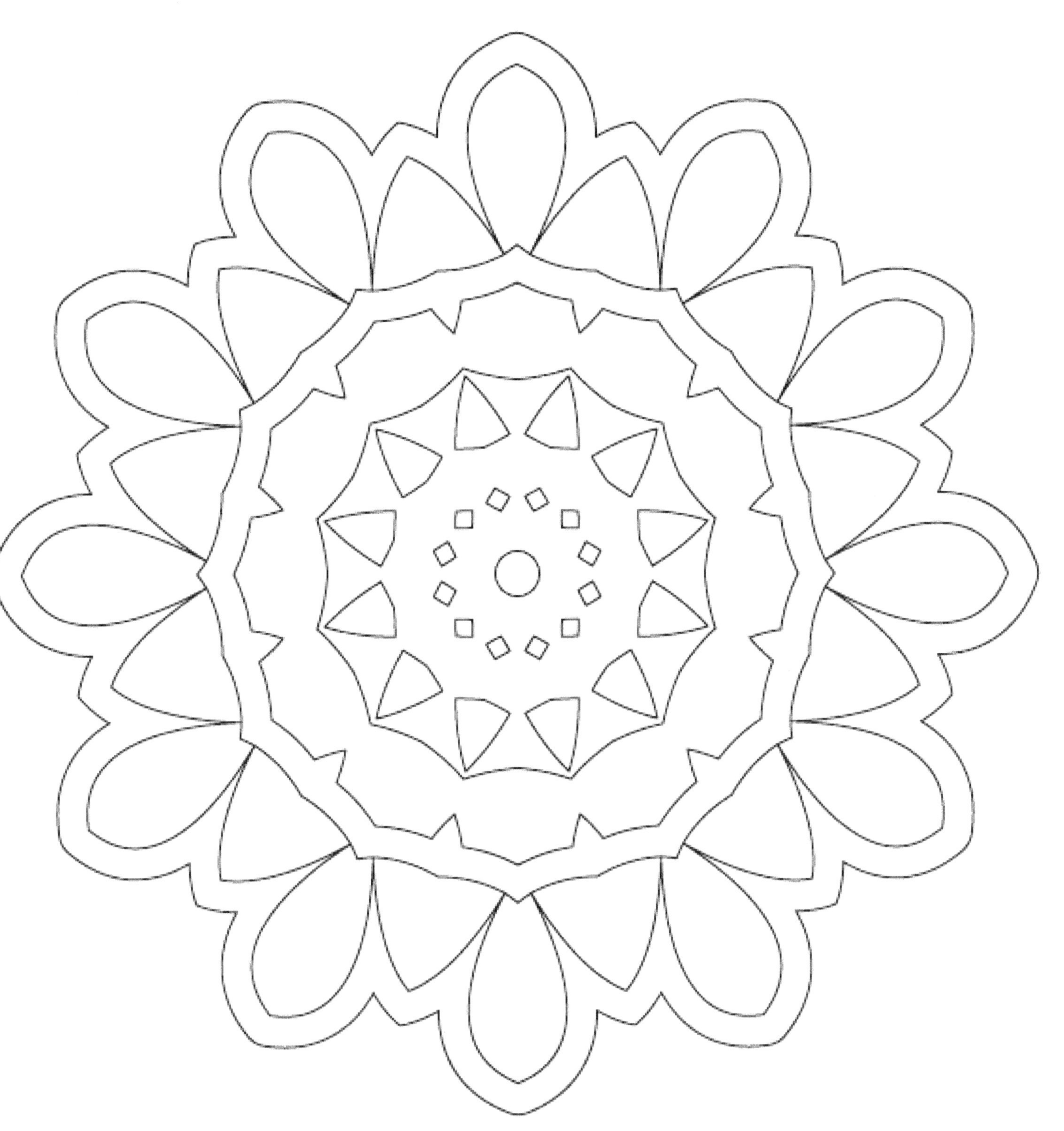

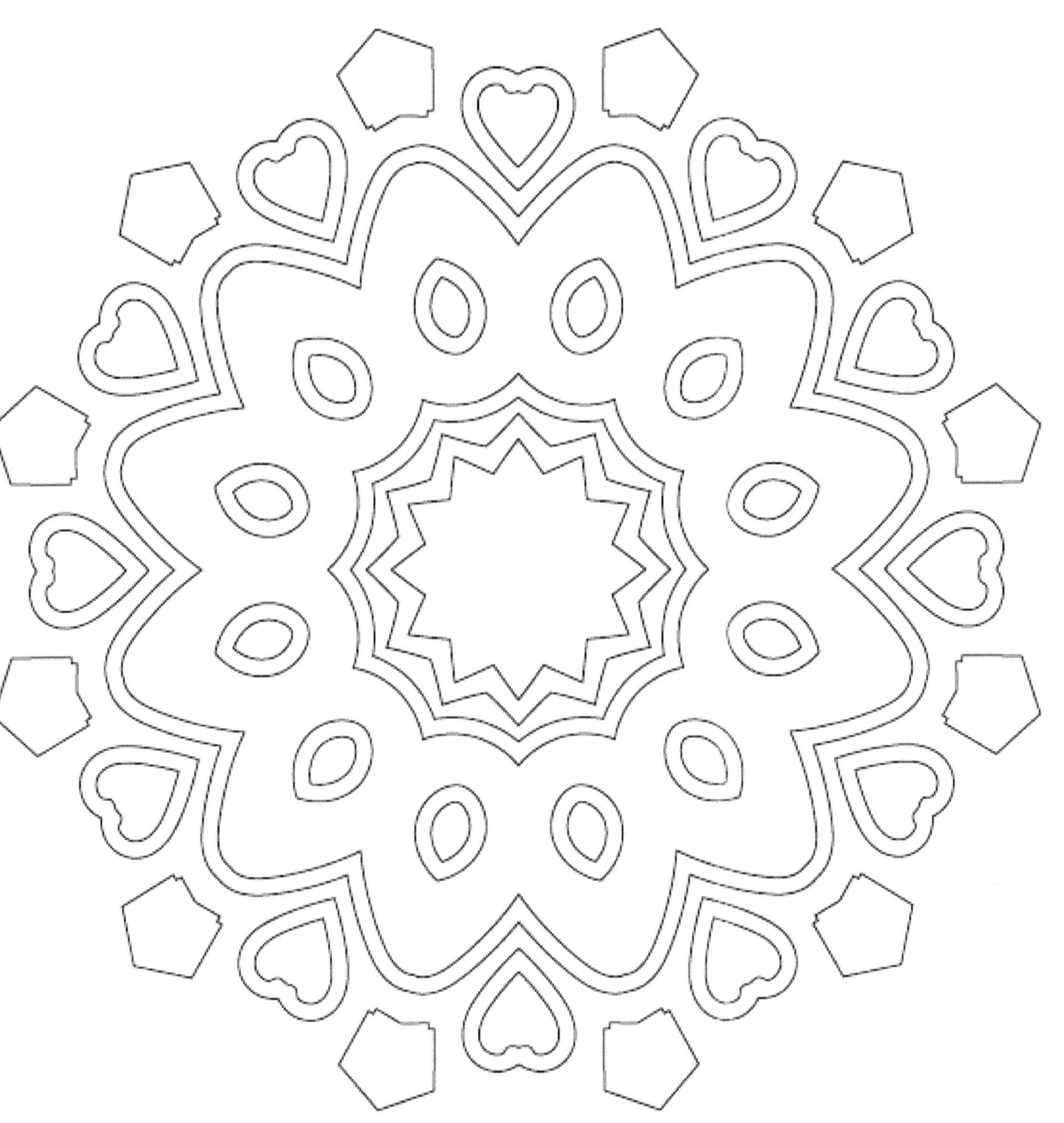

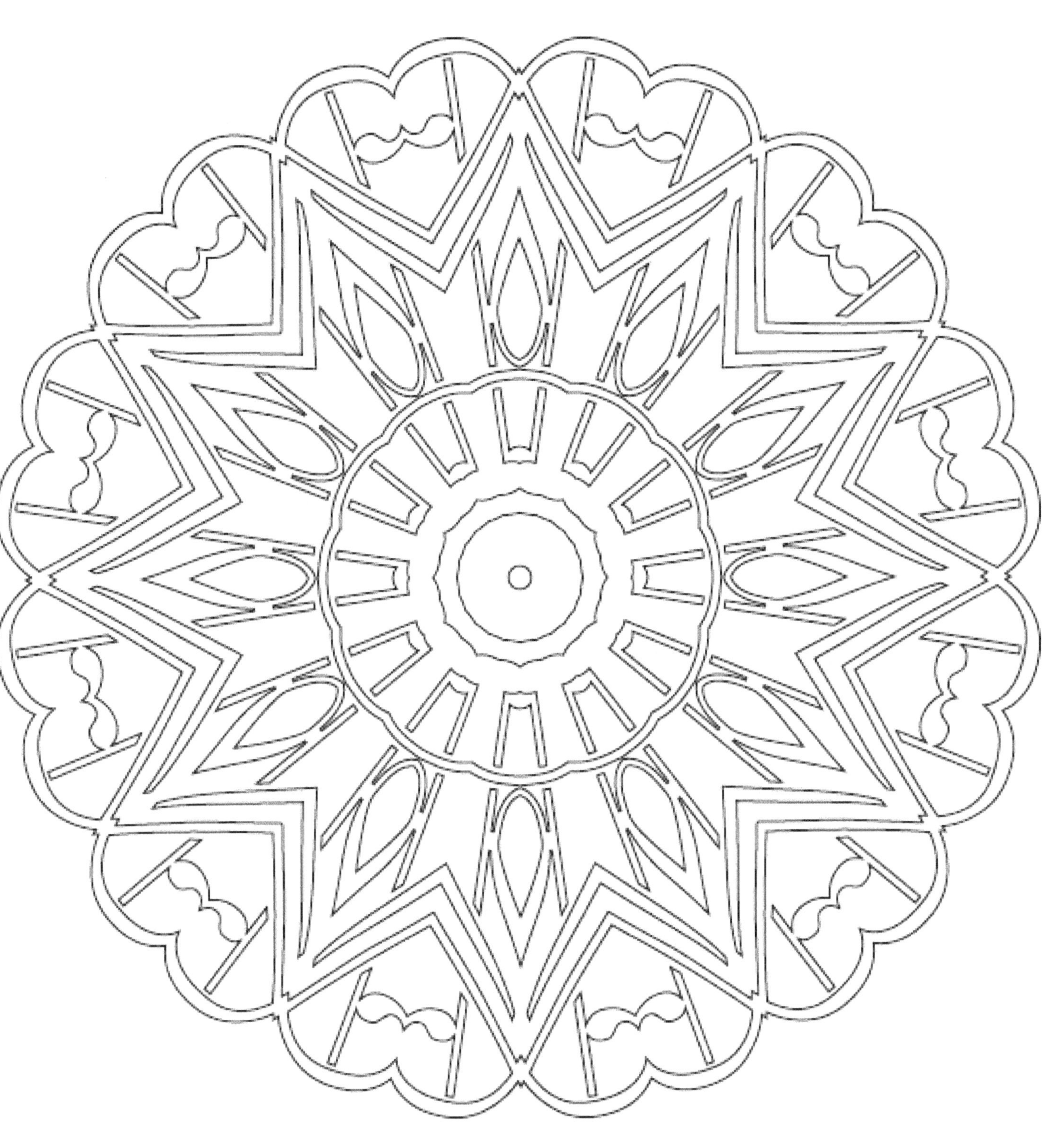

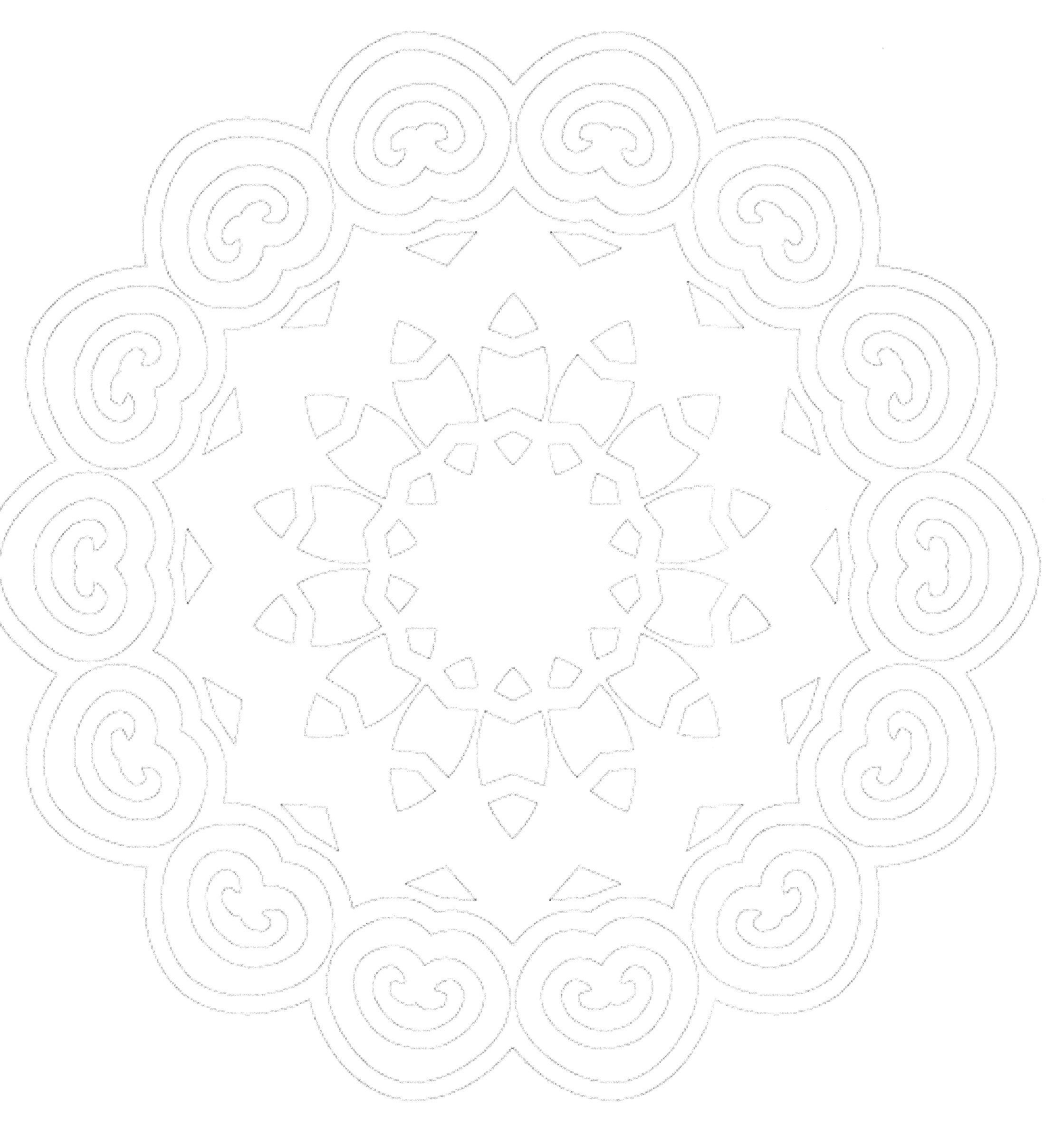

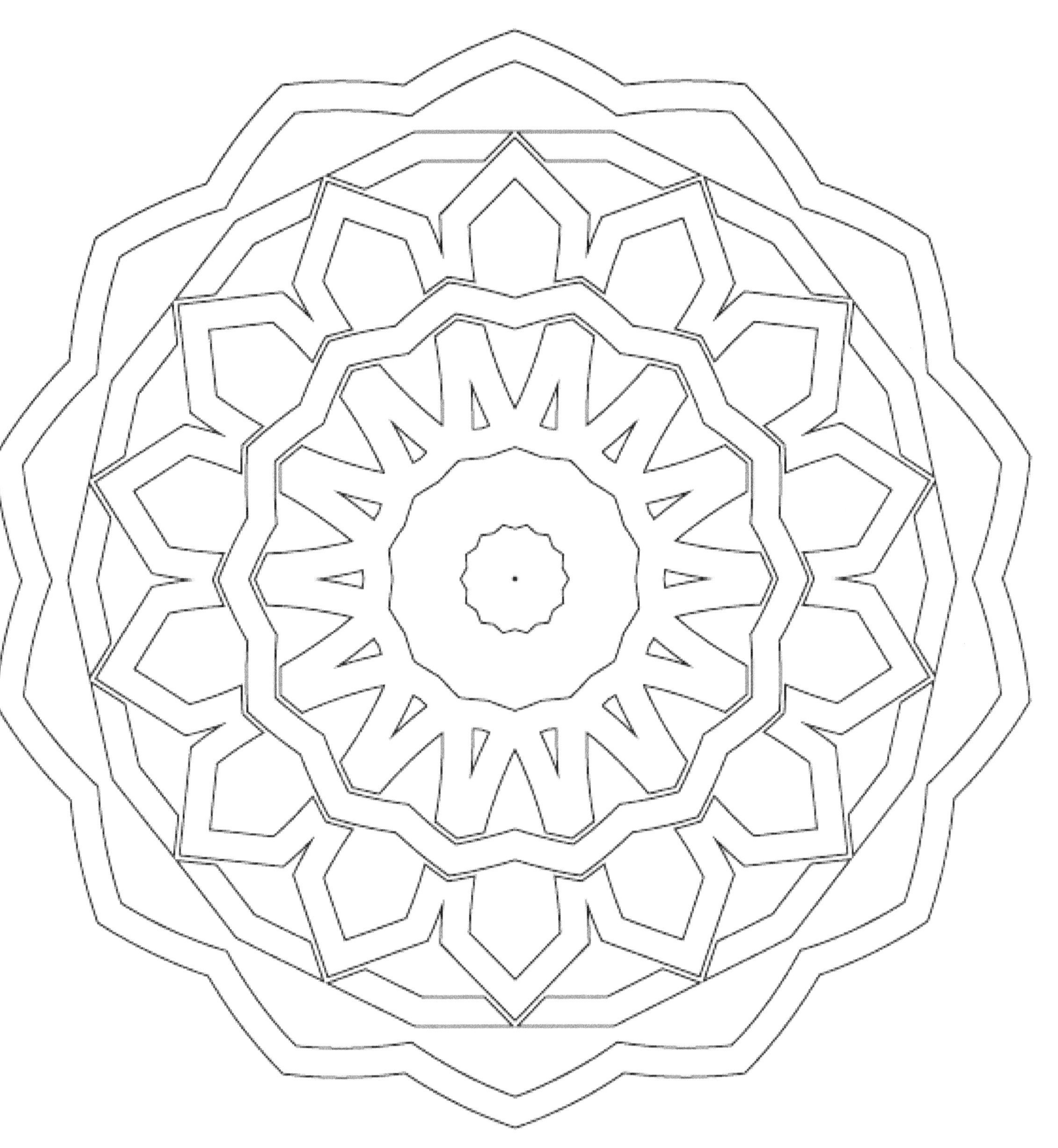

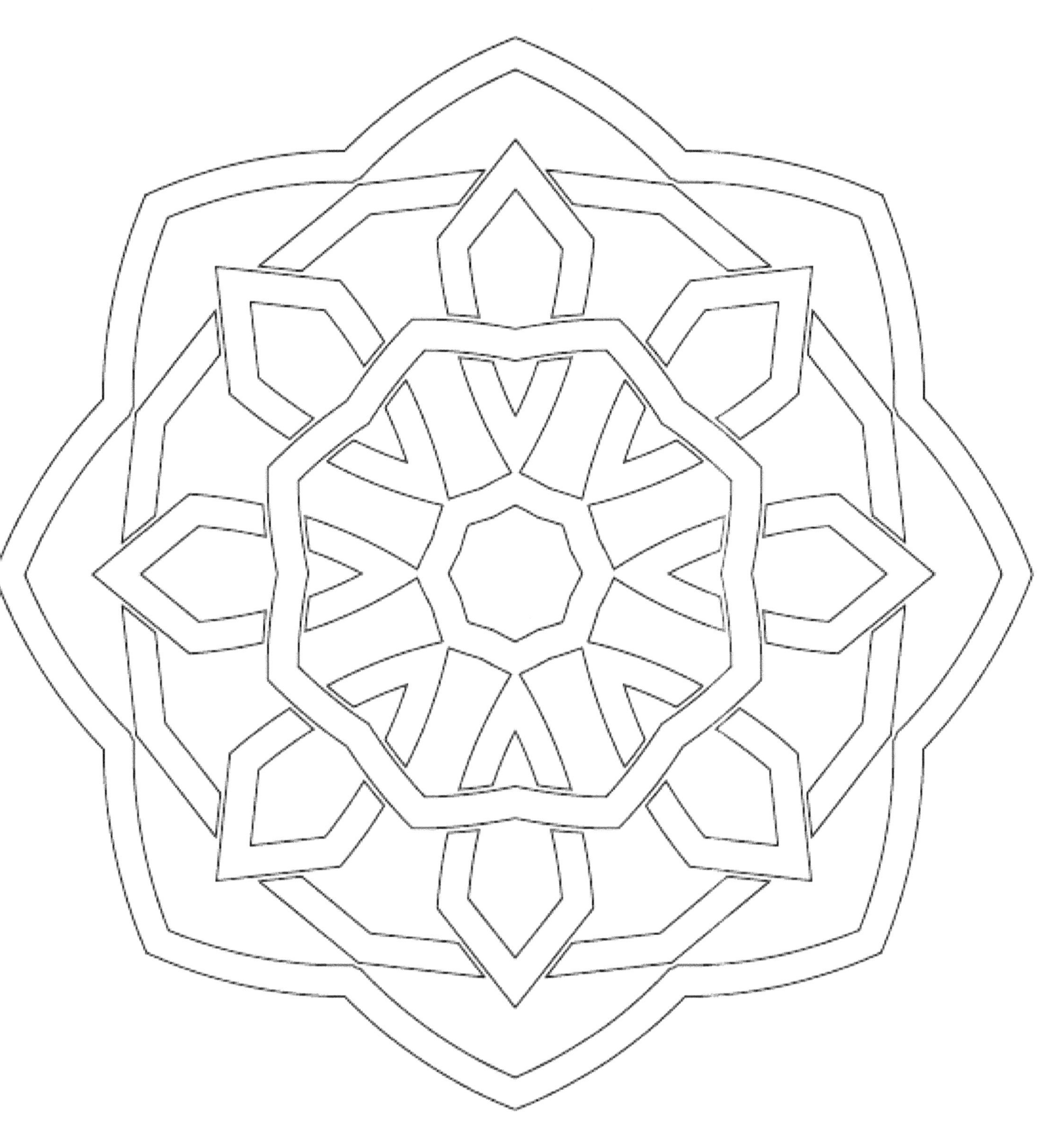

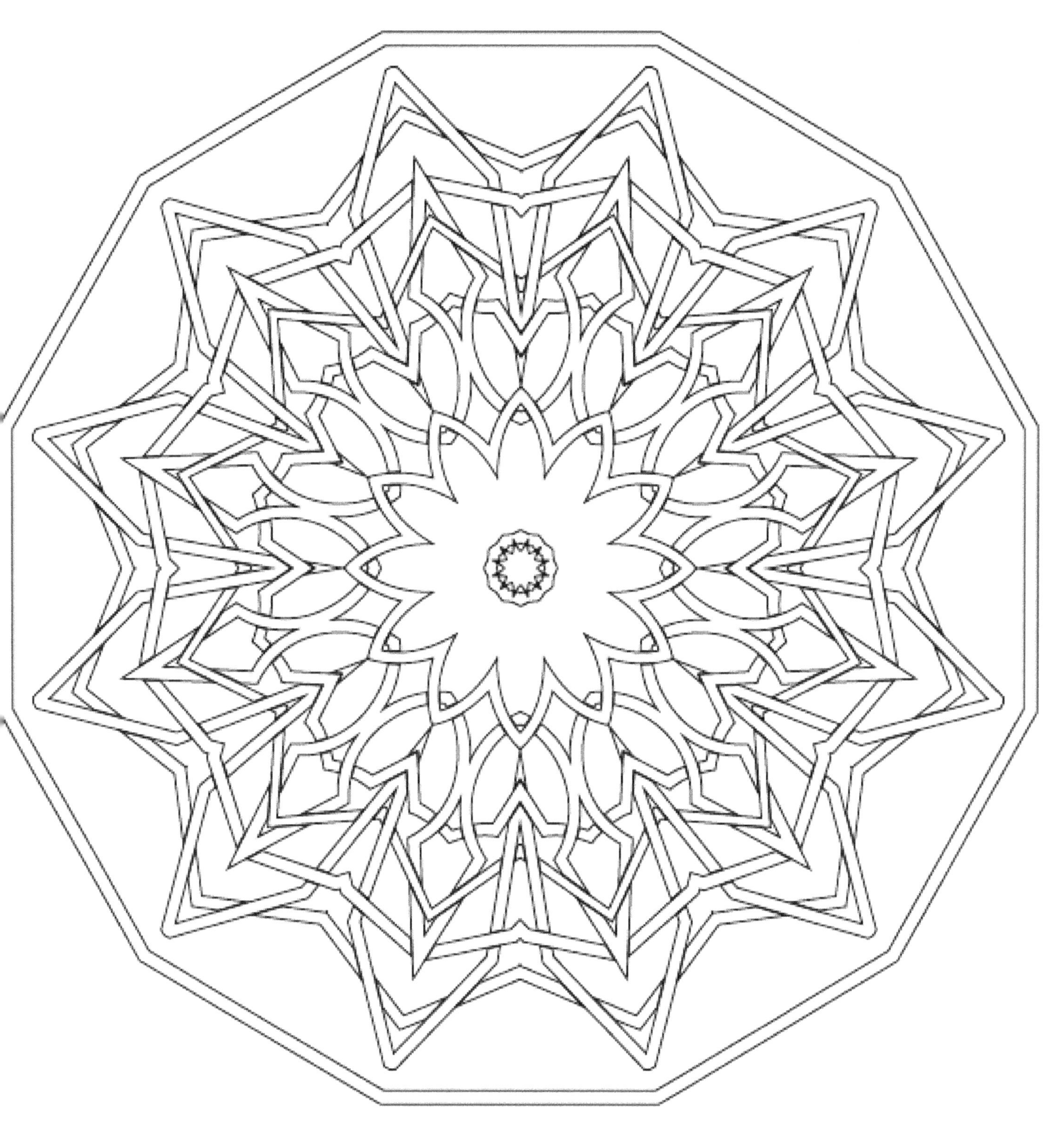

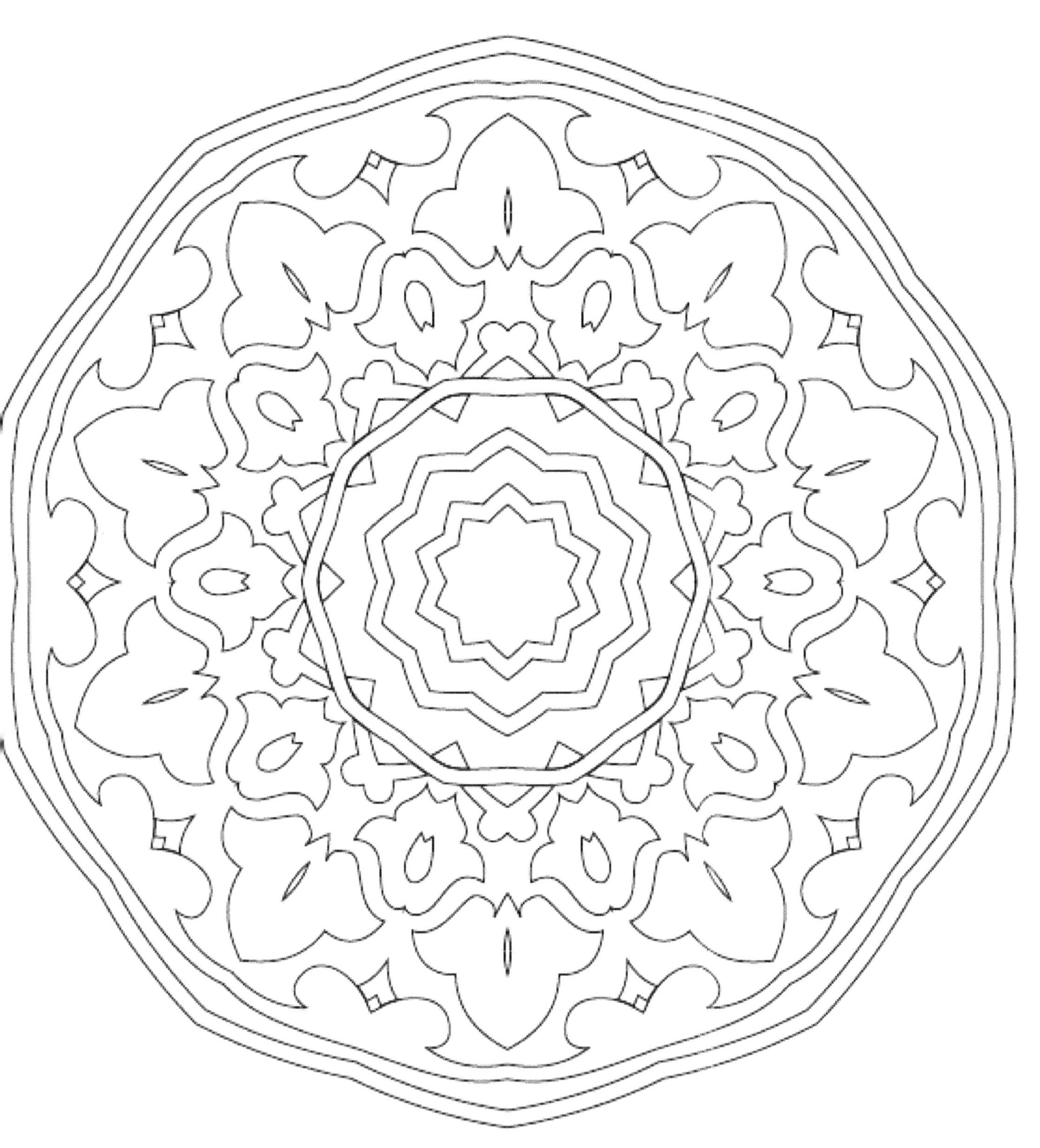

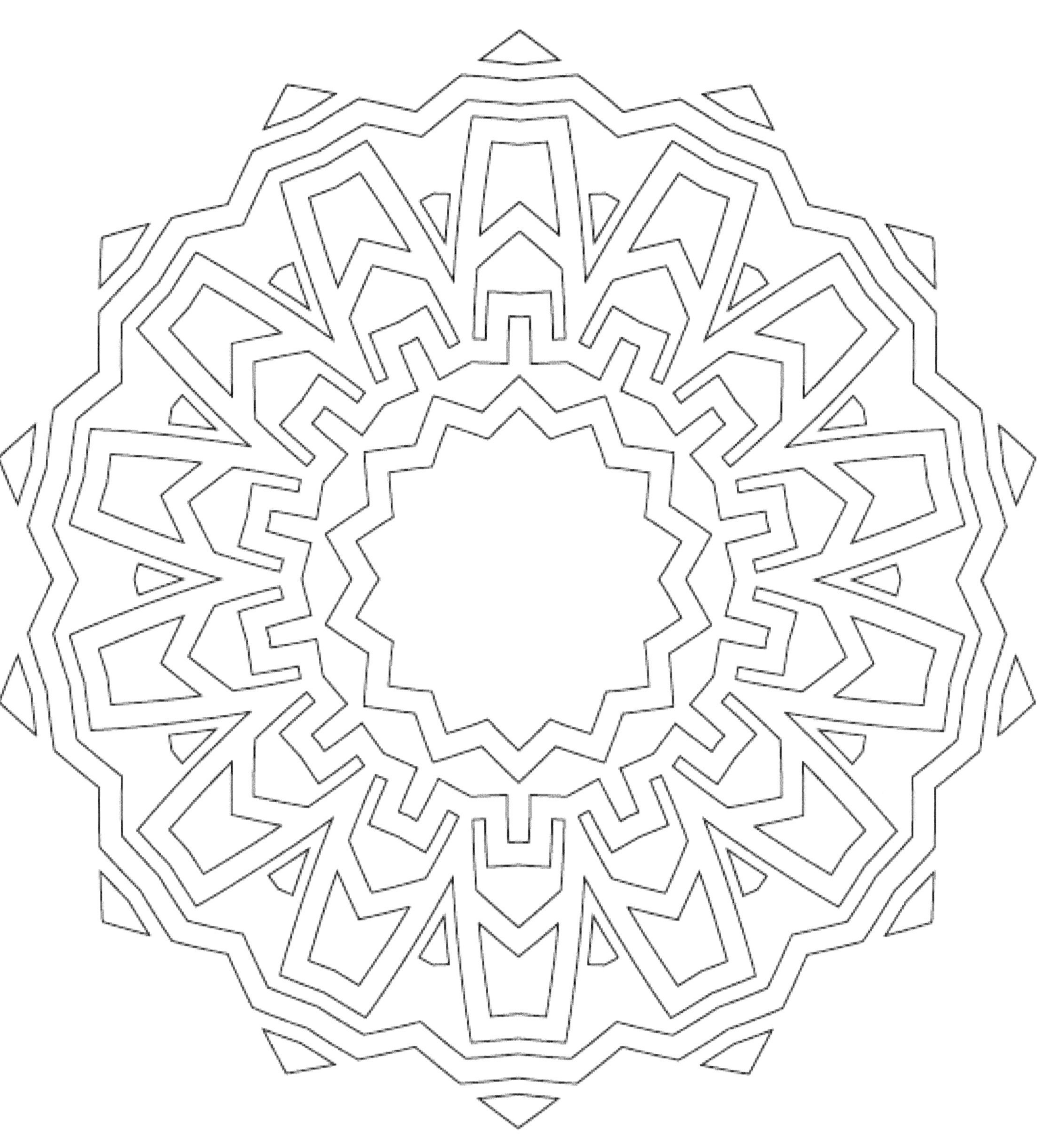

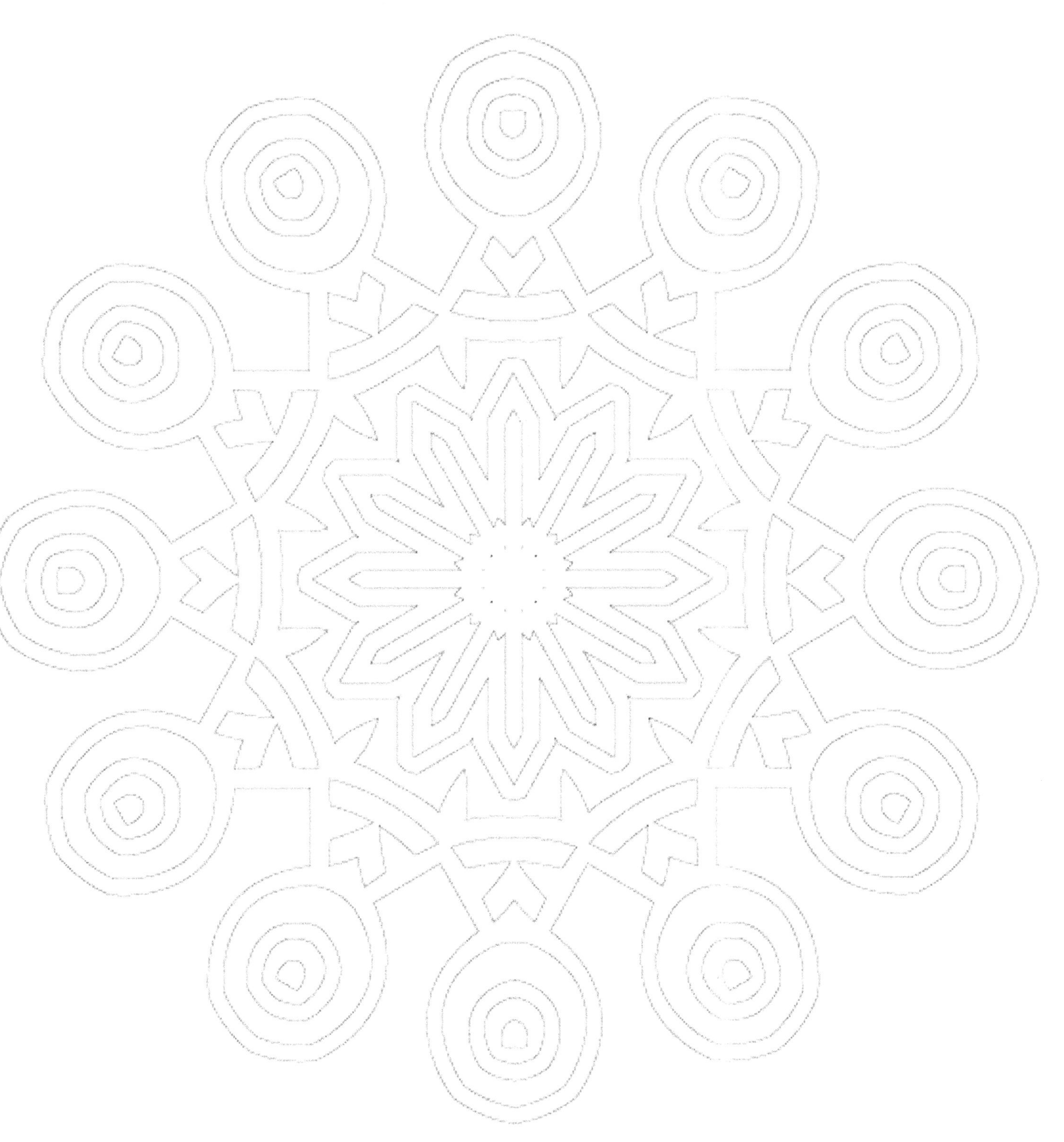

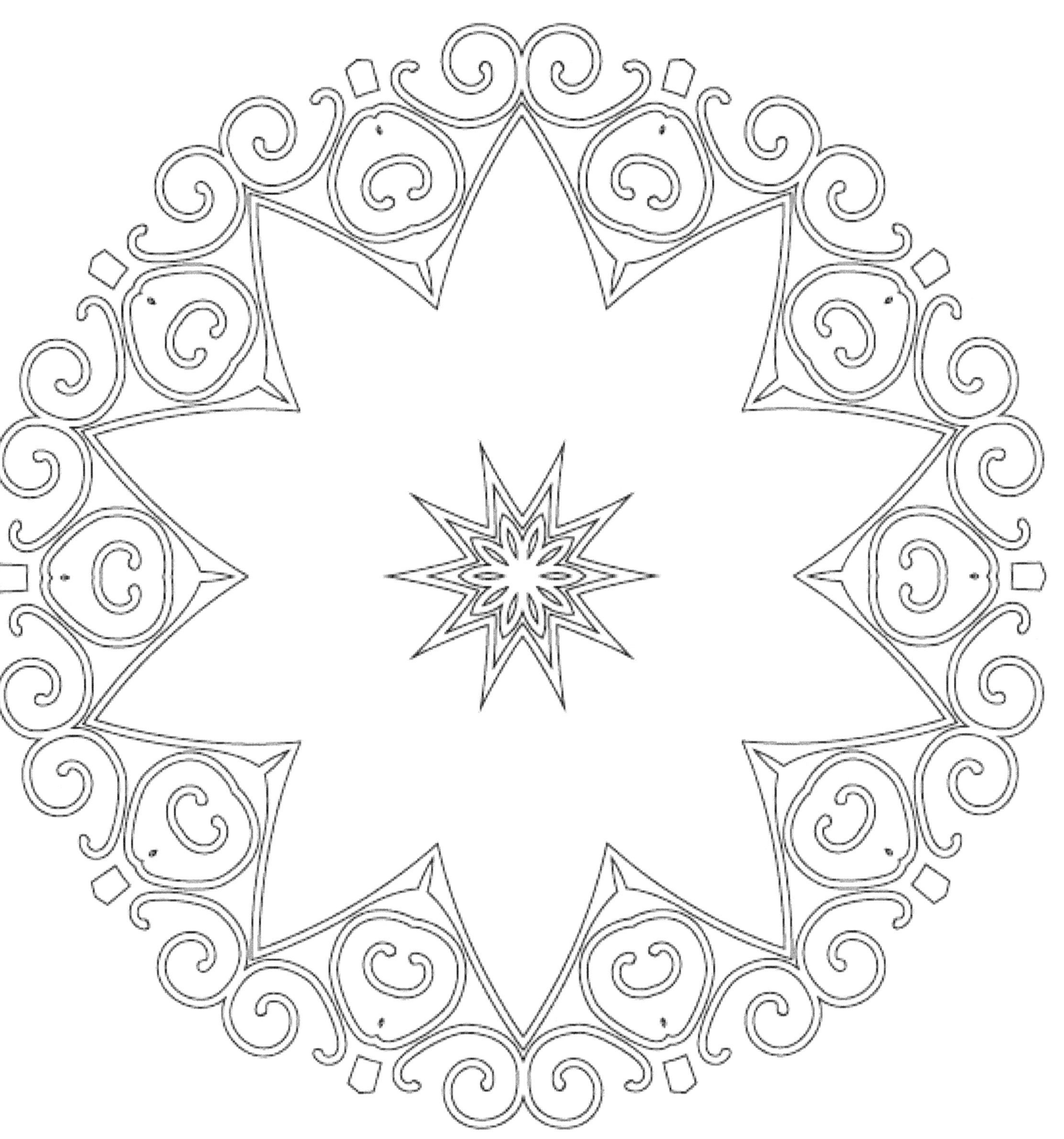

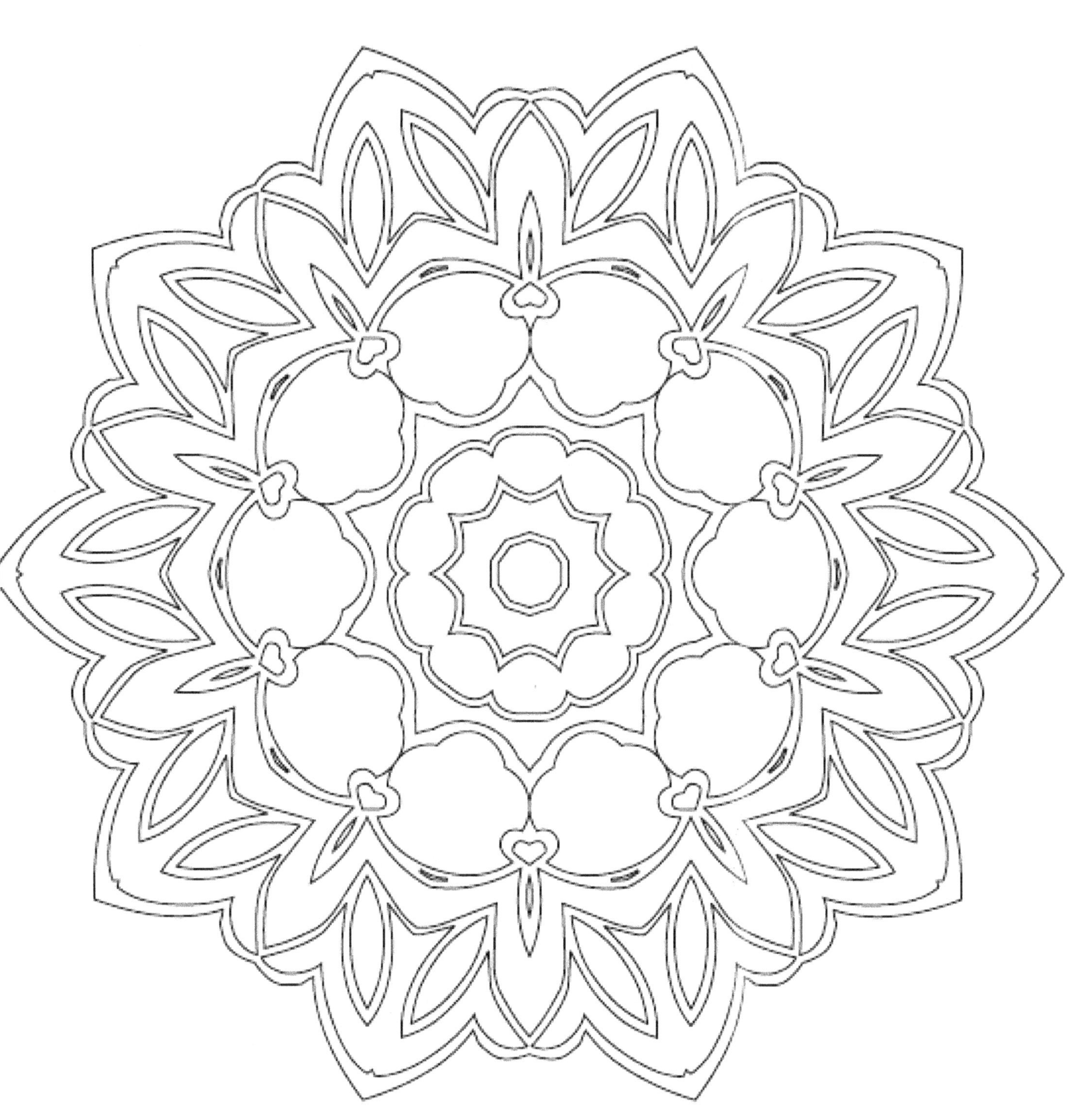

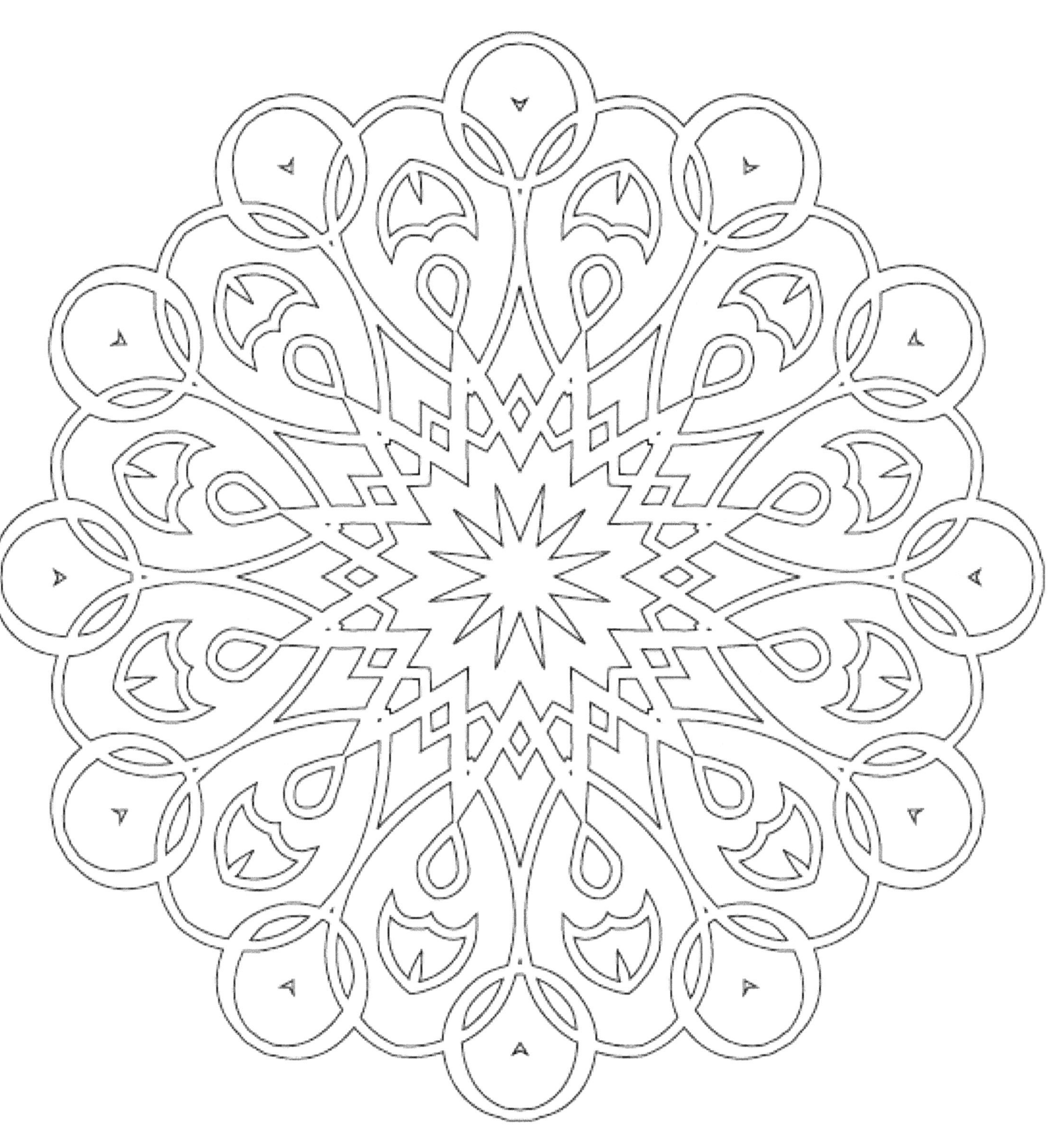